AF316986

L
1638

D. LOUPOT

DEUX ÉTUDES MILITAIRES

EXQUISSÉES A GRANDS TRAITS

NAPOLÉON Iᵉʳ ET DE MOLTKE

DÉFINITION DU GÉNIE DE LA GUERRE

PARIS - CAMP RETRANCHÉ

IMPRIMERIE DE BALAN-SEDAN

—

1901

D. LOUPOT

DEUX ÉTUDES MILITAIRES

EXQUISSÉES A GRANDS TRAITS

NAPOLÉON Iᵉʳ ET DE MOLTKE

DÉFINITION DU GÉNIE DE LA GUERRE

PARIS - CAMP RETRANCHÉ

IMPRIMERIE DE BALAN-SEDAN

1901

COMME PRÉFACE

R.F.

Nous profiterons de la publication de cet opuscule pour
mettre sous les yeux de ceux-là qui se destinent au métier des
armes par tempérament et par goût, c'est-à-dire par vocation,
quelques citations d'écrivains militaires compétents. Ils médite-
ront ces citations, afin de ne jamais se décourager, soit au seuil
de leur carrière, soit dans le cours de celle-ci.

« Il y a trois choses essentielles dans la guerre : le métier, la
« science et l'art. Presque tout le monde peut acquérir les
« connaissances du métier. Beaucoup d'hommes studieux et
« intelligents peuvent acquérir la science. Très peu connaîtront
« l'art ; il ne peut s'apprendre, il est surtout dans les qualités que
« la Nature seule peut donner au général. »

Maréchal Gouvion Saint-Cyr.

« Les règlements militaires, les théories ne sont que la gram-
« maire des officiers ; ceux qui s'en tiennent là sont impropres
« aux grands commandements. Il ne faut même pas croire que
« les parties élevées de l'art de la guerre puissent s'apprendre
« dans les écoles. Si bien faits que soient les cours, un professeur
« ne peut jamais être qu'un guide, il peut vous mettre sur la
« voie, mais ce qu'il faut apprendre surtout, c'est à marcher
« seul. » A. G.

« Ce n'est pas à Brienne que Bonaparte a appris à commander
« une armée, c'est dans la solitude qu'il se préparait à la campa-
« gne de 1796. Rien ne pourra jamais suppléer au travail person-
« nel, et l'on peut affirmer que ceux-là seuls peuvent être dignes
« de grands commandements qui auront médité les exemples et
« les écrits des grands capitaines. » A. G.

« .... Il est des qualités plus importantes que
« l'instruction ne peut donner. Ces qualités sont innées.
« L'étude peut aider au développement de quelques-unes, mais
« c'est tout. Il n'y a qu'en vivant avec la troupe, que l'on peut
« les montrer, si toutefois on les possède ; caractère ferme et
« bienveillant, esprit juste et impartial, coup d'œil et décisions
« rapides, calme et sang-froid dans le danger, dignité dans la
« conduite, etc... Si vous possédez toutes ces qualités, vous ferez
« un bon chef, même avec une instruction médiocre. Si vous ne
« les possédez pas, vous aurez beau être le plus instruit des hom-
« mes, sortir le premier de l'école de guerre, vous ferez un
« mauvais chef. »   Général GRIVET.

« La guerre élimine les médiocrités que la paix avait engen-
« drées, et donne jour au véritable talent. »   X.

« L'action seule révèle l'homme d'action. »   X.

NAPOLÉON Ier & DE MOLTKE

Les Allemands, grisés par les éclatantes victoires des campagnes d'Autriche, et de France, hélas ! principalement, ont exalté la valeur militaire du maréchal de Moltke à ce point de placer ce dernier avant Napoléon. Nous allons essayer de démontrer la différence très sensible qui existe entre ces deux hommes de guerre, différence, disons-le tout d'abord et bien haut, tout à l'avantage du grand capitaine français.

Dans le parallèle que nous allons établir à ce sujet, refoulant un instant nos légitimes rancunes de patriote, nous ferons en sorte d'observer la plus scrupuleuse impartialité. Ceci dit, commençons par de Moltke.

Nous ferons remarquer en premier lieu que de Moltke fut un général exceptionnellement heureux qui ignora toujours les revers de la fortune, et qui eut le rare bonheur de s'éteindre au milieu du complet épanouissement de sa gloire. Jamais, en effet, aucun échec n'est venu ternir la brillante auréole de la renommée militaire du Feld-Maréchal. Il connut même les ivresses d'une victoire sans précédent dans les annales des peuples (Sedan).

Cependant, travailleur opiniâtre, de Moltke ne fut qu'un savant tacticien à une époque où partout on semblait dédaigner l'art de la guerre. D'un tempérament extraordinairement froid, réfléchi, il comprit sans doute la distance qui le séparait des régions supérieures du génie, car il sut limiter ses ambitions à la puissance de ses moyens. Aussi, contrairement à Alexandre, à Pyrrhus, à Annibal, à César et à Napoléon, il ne fit pas de la guerre l'unique but de ses occupations, l'élément de sa vie, si l'on peut s'exprimer ainsi, précisément parce qu'il ne se sentait pas les qualités nécessaires pour cela. Il posséda, assurément, le côté scientifique de la stratégie au plus haut degré ; quant au côté artistique, c'est à peine s'il l'effleura. *En un mot, il avait ce qu'on appelle l'esprit géométrique, mais non l'esprit de finesse et de création, dont la combinaison constitue la synthèse du génie de la guerre.* N'osant ou ne pouvant rien de sa propre initiative, il se fit observateur rigoureux de la Méthode. Partisan convaincu des théories de Clauswitz, il en appliqua presque toujours les principes à la lettre.

C'est ainsi que dans la première période de la campagne de France, où il a d'abord à lutter contre d'excellentes troupes, il ne se départ pas un instant de la maxime suivante de l'écrivain militaire ci-dessus dénommé : « La supériorité du nombre est, de tous les moyens d'action dont dispose un général en chef, celui qui peut le plus sûrement lui assurer la victoire. » Avec ce procédé tactique et son habileté à manier mathématiquement les masses, il triompha constamment de la valeureuse résistance de ses adversaires.

De plus, il fut à la fois un parfait éducateur et un professeur éminent. Les officiers du grand état-major allemand formés à son école, imbus de ses doctrines, ont su fréquemment, au cours de la guerre de 1870-71, prendre d'eux-mêmes des décisions absolument conformes à l'esprit, aux vues du maître.

Indépendamment d'une méthode utile à consulter pour la conduite des armées, méthode que l'on trouve à chaque page dans les divers ouvrages écrits soit de sa main, soit sous sa direction, il laisse un type de combat (Saint-Privat) que feront peut-être bien de classer dans leur mémoire ceux-là qui se destinent aux grands commandements. En effet, la bataille de Saint-Privat, telle que la relate l'ouvrage du grand état-major allemand sur la guerre franco-allemande, pourra longtemps encore servir de modèle contre un adversaire en position d'attente. Saint-Privat est certainement à notre avis une des plus savantes opérations conçues et dirigées par le maréchal de Moltke. Oui, cette marche générale, en échelons de corps d'armée, la gauche en avant, et la droite servant ensuite de pivot en se retranchant sur de solides positions pour permettre à l'aile gauche de continuer son mouvement débordant sur la droite française, avec toute la sécurité possible, comporte une forme nouvelle et judicieuse, forme nouvelle d'une attaque combinée de front et d'aile, et judicieuse, eu égard aux situations respectives des deux partis. Le principe de cette manœuvre est susceptible d'application même dans un combat de rencontre, c'est-à-dire dans un combat où les deux adversaires marchent résolument l'un contre l'autre.

Un écrivain d'outre-Rhin, nommé Karl Bleibtreu, cherche bien, dans une brochure intentionnellement tapageuse, très apparemment, à diminuer considérablement le rôle de de Moltke dans cette journée du 18 août 1870. Cela n'a rien d'étonnant, car Napoléon rencontra en France même de nombreux détracteurs, dont la basse méchanceté n'avait d'égale que leur ignorance. Au reste, cette critique de l'auteur en question, mentionnée en passant, n'est qu'une simple note discordante au milieu du concert de louanges germaniques fort exagérées adressées à la mémoire du maréchal prussien.

Toutefois, si nous voulons bien rendre justice, avec la plus grande indépendance d'esprit, à de grandes et appréciables qualités, fruit de longues et laborieuses études, il ne nous est pas possible d'oublier en de Moltke l'homme au cœur d'airain, dont l'implacable dureté, les procédés barbares employés maintes fois contre les villes qui résistaient à ses troupes (tels que bombardement des hôpitaux, des églises, etc.), ont fait naître de respectables ressentiments.

Non, certes, la justice que nous rendons à la science militaire de notre vainqueur ne peut et ne pourra jamais nous faire oublier en lui l'ennemi excessivement hautain, aimant à faire parade de son insensibilité, et dont les cruelles et humiliantes exigences à notre égard ont élargi le fossé de haines et de justes revendications creusé entre l'Allemagne et la France.

Pour terminer le paragraphe concernant de Moltke, nous estimons bon d'ajouter que si sa réputation de général en chef est irréprochable, sa vie ne l'est pas. Né Danois, il prit en qualité d'officier, du service dans les armées prussiennes, vainquit sa patrie d'origine et fut cause de son démembrement. Ses plus fanatiques admirateurs ne parviendront pas à laver sa mémoire de cette tache.

***

Dans le paragraphe que l'on vient de lire, nous avons essayé de tracer, avec toute l'impartialité possible, le portrait militaire de de Moltke.

Maintenant, nous examinerons attentivement Napoléon, également sous le rapport de l'art militaire, bien entendu.

Avant d'entrer dans le vif du sujet, nous relaterons, à titre de curiosité, un bulletin de notes concernant Bonaparte élève, bulletin qui démontrera que les jugements et pronostics des professeurs, en général, doivent être acceptés avec réserve.

Le 15 septembre 1783, le chevalier de Keralio, sous-inspecteur des écoles militaires royales de France, inspectant l'école de Brienne, où se trouvait alors le jeune Bonaparte, établissait à son sujet la note suivante :

« M. de Buonaparte (Napoleone), né le 15 août 1769, taille de
« quatre pieds dix pouces.

« Il a fait sa quatrième.

« De bonne conduite, santé excellente. Caractère soumis, hon-
« nête et reconnaissant. Conduite très régulière. S'est toujours
« distingué par son application aux mathématiques. Il sait passa-
« blement son histoire et sa géographie. Il est assez faible dans
« les exercices d'agrément, ainsi que pour le latin où il n'a
« fait que sa quatrième. Ce sera un excellent marin. »

La suite prouva que le chevalier de Keralio avait été un bien mauvais prophète. Du reste, Napoléon, quoiqu'insulaire, ne montra jamais beaucoup de goût pour la mer.

Sans autre préambule, Napoléon, nous ne craignons pas de le dire, est la personnification la plus complète qui ait existé du génie de la guerre. Il a révolutionné et pour ainsi dire transformé de fond en comble la tactique routinière de son époque ; il s'est bien quelquefois inspiré des anciens, mais le plus souvent, il a créé.

Au tempérament essentiellement stratégique d'Annibal, Napoléon joignait la décision prompte, le coup d'œil de César, et après avoir étudié et admiré ces deux grands hommes, il les a certainement surpassés. A l'encontre du maréchal de Moltke, Napoléon n'a pas besoin, lui, pour vaincre, de la supériorité, ni même de l'égalité du nombre ; par l'habileté de ses manœuvres et la rapidité de ses mouvements, il triple, quadruple ses forces. L'art de la guerre lui est en quelque sorte un jeu familier, où son immense génie n'est jamais pris au dépourvu ; il modifie sa tactique suivant les circonstances, de façon à dérouter toujours ses adversaires, et sa sagacité est telle, que les moindres indices lui suffisent pour pénétrer les projets de l'ennemi.

Général en chef à vingt-six ans (de Moltke en avait soixante-dix en 1870), Bonaparte débute par la plus belle de ses opérations : la prodigieuse campagne de 1796 (Italie). Avec 30,000 soldats, il défait successivement les armées de Beaulieu, de Wurmser et d'Alvinzi, dont la supériorité numérique était écrasante.

Dès lors, et pendant seize années consécutives, la victoire restera éprise de son incomparable talent. Durant seize ans, des trophées sans nombre afflueront à la Capitale éblouie ; la France s'enivrera de gloire. Pendant seize ans, l'Europe coalisée contre nous sera son champ de bataille ; il la parcourra sans cesse dans tous les sens, et partout, toujours, son étoile victorieuse le suivra.

Entre temps, les échos de la vallée du Nil iront porter le respect et l'admiration de son nom au sein de l'Afrique. Enfin, il sera vaincu seulement lorsque le destin sera las de son insatiable ambition, fatigué de son amour exagéré de la guerre.

De ses innombrables campagnes, tout sert d'enseignements. Il laisse, en outre, des maximes éternellement vraies, et trois chefs-d'œuvre immortels : les campagnes de 1796 et 1814, et la bataille d'Austerlitz.

En 1796, Bonaparte, avec 30,000 soldats, défait totalement, à quelques jours d'intervalle, à Salo, Lonato, Castiglione, une armée autrichienne de près de 80,000 hommes que Wurmser, désireux de venger les échecs précédents de Beaulieu, dirigeait en plusieurs groupes sur Mantoue, pour cerner et capturer autour de cette place la petite armée française.

Voici, esquissée à grands traits, la relation de ces mémorables événements : Wurmser, ayant réuni son armée dans le Tyrol italien l'avait ensuite divisée en trois corps pour marcher sur Mantoue. Le corps de gauche, sous les ordres des généraux Davidowich, Meszaros, Mitrovsky, fort approximativement de 23,000 hommes, était destiné à déboucher par la vallée de l'Adige ; Meszaros devait suivre la chaussée de la rive gauche et pénétrer dans Vérone par les hauteurs ; Davidowich et Mitrovsky avec la cavalerie et l'artillerie devaient passer l'Adige sur un pont construit vis-à-vis de la Dolce et se porter sur Cossaria.

Le centre, fort de 35,000 hommes sous Wurmser, formant quatre divisions, sous les généraux Mélas, Sebottendorf, Bajalick, Liptai, devait pénétrer par Monte-Baldo et le pays entre l'Adige et le lac de Guarda. Le corps de droite, 22 à 24,000 hommes, sous Quosdanovich, Ott, le prince Reuss, devait passer par la Chiese, se porter sur Brescia et tourner toute l'armée française qui, séparée de Milan, aurait sa retraite coupée ; son entière destruction devait être l'effet de cette savante combinaison !! Fier de sa grande supériorité numérique, Wurmser ne songeait pas à vaincre, mais à profiter de la victoire qu'il considérait comme certaine.

Dès que Bonaparte eut dévoilé les projets de son antagoniste et eut connaissance de ses dispositions d'attaque, il calcula instantanément que toutes ses forces réunies seraient au moins égales, sinon supérieures, à celle de l'un quelconque des trois corps autrichiens, et que, vu l'intervalle qui séparait ces derniers, il avait la chance de les culbuter les uns après les autres, sans qu'ils puissent se soutenir mutuellement. L'action suivit immédiatement la pensée. Il fit lever le siège de Mantoue en toute hâte, n'hésitant pas à sacrifier le matériel de siège, et il tomba le 31 juillet, à Salo, sur le corps de droite (Quosdanovich) qui

se trouvait le plus engagé. Le 3 août, il détruisit presque entièrement, à Lonato, deux divisions et une brigade d'infanterie avec
le gros de la cavalerie de l'armée, qui cherchaient à opérer leur
jonction avec la droite, dispersée à Salo deux jours auparavant, et
au sujet de laquelle Wurmser commençait à avoir des inquié-
tudes. Le 5 août, c'était au tour de Wurmser lui-même d'être
battu complètement à Castiglione avec 42,000 hommes (ses
troupes s'étaient grossies des fuyards des divisions défaites à
Salo et à Lonato).

Quelques mois plus tard, Alvinzi, ayant débouché en Italie à la
tête d'une nouvelle armée pour débloquer Wurmser assiégé dans
Mantoue, était vaincu à Arcole avant d'avoir pu faire sa jonction
avec Davidowich, commandant un corps de 20,000 hommes.
Dans cette lutte acharnée autour d'Arcole, lutte qui avait duré
les 15, 16, 17 novembre, moins de 20,000 Français (les mêmes de
Lonato, Castiglione, etc...) avaient triomphé de 40,000 Autrichiens. Il est juste d'ajouter que la bravoure admirable de nos
troupes avait puissamment secondé les audacieuses et géniales
combinaisons de leur jeune général en chef.

Aussi, à la suite des brillants et merveilleux succès de l'année
1796, Bonaparte pouvait répéter les mots célèbres de César :
Veni, vidi, vici.

En 1814, une partie des soldats qui battaient les Prussiens de
Blücher le 11 février à Champeaubert, le 12 à Montmirail, le 13 à
Château-Thierry, le 14 à Veauchamps, sur la Marne, participaient
dans la vallée de la Seine aux glorieux combats de Mormans,
Nangis, Montereau, livrés les 17 et 18 février contre les Autri-
chiens de Schwarzenberg.

Dans tout le cours du mois de février 1814, nos intrépides,
infatigables soldats voyagèrent jour et nuit entre la Seine et la
Marne pour arrêter les flots sans cesse grossissants des envahisseurs. C'était de cette manière-là que Napoléon suppléait au

nombre. Au cours des deux campagnes précitées, il avait mis continuellement en pratique une de ses propres maximes : « *La force d'une armée, comme la quantité de mouvement en mécanique, s'évalue par le produit de la masse par la vitesse.* »

Quant à la bataille d'Austerlitz (2 décembre 1805), son troisième chef-d'œuvre, c'est un prodige de conception et d'audace, tant par sa préparation que par son exécution.

« L'avant-veille du combat, le 30 novembre, l'empereur parcourant les hauteurs de Pratzen, dit à son état-major : « Si je voulais empêcher l'ennemi de tourner ma droite, je me placerais sur ces belles hauteurs où je n'aurais qu'une bataille ordinaire ; j'aurais, il est vrai, l'avantage du poste. Mais, outre que je pourrais courir les risques d'avoir un engagement sérieux le 1er décembre (Napoléon attendait d'importants renforts le 2), l'ennemi nous voyant ainsi à découvert ne pourrait guère commettre que des fautes de détail. Avec des généraux peu experts dans la grande guerre, nous devons chercher à profiter des fautes capitales. » En conséquence, l'empereur rassemble son armée en arrière du plateau de Pratzen, le front en partie couvert par un ruisseau encaissé. Il se pelotonne, refuse sa droite à dessein et fait retrancher solidement sa gauche (Le Santon). Par ces dispositions, il espère que l'ennemi, *considérant le plateau de Pratzen comme facile à garder avec peu de monde*, tentera, soit d'envelopper les Français au moyen de ses deux ailes en y plaçant ses principales forces, soit d'accabler leur droite afin de leur couper la route de Vienne.

Dans les deux cas, il suffira pour Napoléon de s'emparer du plateau plusieurs fois cité déjà pour écraser le centre et une aile des Austro-Russes. En résumé, Napoléon impose à ses adversaires la manœuvre qui doit lui assurer le succès. Le 1er décembre, la journée se passe en reconnaissances de part et d'autre ; celles qui sont envoyées en avant de notre droite sont plutôt timides, conformément à des instructions reçues. De plus, des ponts sont établis discrètement sur le ruisseau couvrant notre front. Le 2, au matin, les événements se réalisent selon les prévisions de l'empereur ; la majorité des forces coalisées est dirigée sur notre droite en abandonnant presque entièrement le plateau. Napoléon laisse ce mouvement s'accentuer, puis il lance vivement le gros de l'armée française sur le plateau de Pratzen, centre de l'ennemi, pendant que notre gauche exécute une fausse attaque et que la droite contient les Russes dans les villages de Telnitz et de Sokolnitz. L'armée coalisée est coupée en deux par la prise du plateau de Pratzen. La majeure partie de l'armée russe, formant l'aile gauche ennemie avec quelques contingents autrichiens, est prise à revers, de front et de flanc ; à revers par les troupes maîtresses du Pratzen qui font un à droite ; de front et de flanc gauche par notre droite renforcée du corps du prince d'Eckmül, venu sur ordre de Nikolsbourg (direction de Vienne), dans la matinée, pour prendre part à la bataille.

En quelques heures, les Russes sont anéantis ; ceux qui échappent à nos soldats vont se noyer dans les étangs de Setschan et de Ménitz.

A Austerlitz, de même qu'Annibal à Trasimène, Napoléon avait choisi son terrain, y avait attiré son antagoniste, dont les effectifs étaient supérieurs aux siens, et, avec la confiance d'un joueur hors ligne, invincible, il avait opéré comme sur un échiquier, provoquant les fautes qui devaient lui procurer une de ses plus belles victoires et la plus stratégique de ses batailles.

Aussi, en comparant le Saint-Privat prussien à Austerlitz, on est autorisé à émettre l'opinion suivante : avec de l'étude et de la pratique, tout général peut imiter le combat classique du maréchal de Moltke à Saint-Privat ; en revanche, nul ne peut espérer un Austerlitz s'il n'est pas né avec le don de la stratégie.

En outre, tout général connaissant parfaitement son métier et possédant des moyens semblables à ceux dont disposait de Moltke en 1866 et 1870, peut obtenir des succès analogues à ceux de ces deux campagnes ; les opérations de 1796 et 1814 sont, elles, inaccessibles à la science proprement dite.

Encore quelques remarques en faveur de l'illustre capitaine

français : A l'instar d'Alexandre, Napoléon avait le caractère magnanime ; il combla ses généraux de richesses et de titres ; il se montra toujours généreux vis-à-vis des vaincus, trop peut-être ; il fut également bienveillant envers ses soldats ; aussi ces derniers lui furent-ils tout à fait dévoués. Ses harangues enflammées, dont chaque mot allait droit au cœur de ses hommes, attesteront à jamais cette sorte d'affection particulière qu'il avait pour l'instrument de ses victoires. De Moltke était Danois, avons-nous dit dans le premier paragraphe ; Napoléon lui, était né Français. En effet, il vint au monde à Ajaccio, le 15 août 1769, un an après l'annexion de la Corse à la France. Dans le testament fait à Sainte-Hélène, l'empereur avait écrit qu'il désirait être enterré sur les bords de la Seine, au milieu de ce peuple français qu'il avait tant aimé.

Enfin, comme conclusion du parallèle forcément succinct établi dans cet opuscule : du côté allemand, la science, c'est-à-dire un savant ; du côté français, la science et le génie, c'est-à-dire un artiste.

En conséquence, pas d'erreur possible : le maréchal de Moltke suit de très loin l'empereur des Français ; *suum cuique*, « à chacun le sien. »

En terminant, nous tenons à bien l'affirmer : nous n'avons nullement l'intention d'aider à réveiller le prestige napoléonien, mais du moment où les Allemands vantent leurs gloires au détriment des nôtres, sachons défendre celles-ci sans distinction de partis, car, devant l'étranger, soyons Français avant tout. D'ailleurs, est-il donc besoin d'être bonapartiste pour aimer la vision de la France maîtresse du monde ! Est-il besoin d'être bonapartiste pour aimer à se reporter vers l'époque la plus glorieusement resplendissante de notre histoire nationale ? Oui, vers cette époque où nos régiments entraient, victorieux, dans les capitales de l'Europe !

Nice, janvier 1898.

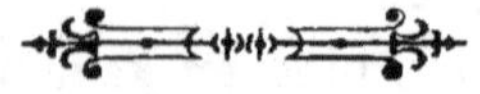

PARIS - CAMP RETRANCHÉ

> « Les places fortes et les armées de cam-
> pagne sont deux forces absolument distinctes,
> constituant les moyens de défense d'une
> nation. Dès qu'il y a fusion intime entre elles,
> les secondes s'annihilent sans augmenter la
> valeur des premières (la somme de résistance
> d'une place forte s'évaluant principalement
> par la quantité de vivres, la solidité et le
> rayon d'action de ses ouvrages). Aussi, on
> peut ériger en principe de guerre inviolable,
> qu'une armée de campagne ne doit jamais se
> réfugier dans une place forte. »   L...

Il a été souvent question, dans la presse, de Paris port de mer ; que l'on veuille bien nous permettre de parler, aujourd'hui, de Paris camp retranché. D'ailleurs, tout ce qui touche à la défense nationale, n'intéresse-t-il pas chacun de nous à un degré quelconque, si minime soit-il ?

Rappelons brièvement les origines du camp retranché en question. Les fortifications de Paris furent commencées en 1840, sous le ministère Thiers, à la suite du traité de Londres qui eut lieu, à l'exclusion de la France, entre l'Angleterre, la Prusse, l'Autriche et la Russie, au sujet des affaires d'Orient.

Revenons à notre sujet. Les travaux furent conduits rapidement. Plus tard, le mur d'enceinte, toujours existant, fut protégé lui-même d'une ceinture de forts détachés, situés à plusieurs kilomètres de la capitale. Ce sont ces forts qui, en 1870-1871, permirent à Paris assiégé par 200,000 Allemands, de soutenir un blocus de quatre mois et demi, et de ne se rendre que par la famine.

Depuis l'Année terrible, à la suite aussi des enseignements du siège, une deuxième ceinture d'ouvrages fortifiés fut construite en avant de la première, et le rayon d'action de la plupart des forts de la nouvelle ceinture, s'étend jusqu'à 30 kilomètres de la capitale.

Paris est actuellement le camp retranché le plus vaste du monde entier. Par sa situation sur le flanc de toute armée qui tenterait de s'avancer au Centre, à l'Ouest ou au Midi de la France, il constitue une position stratégique unique, sans l'occupation préalable de laquelle il est interdit à l'envahisseur de faire, sans se compromettre gravement, un pas de plus vers l'intérieur du pays.

Le cercle d'investissement autour de Paris, calculé en admettant la même distance moyenne de la ligne des forts, qui fut observée par les Prussiens, en 1870, ne serait pas inférieur à 170 kilomètres. Les lignes allemandes, pendant le siège, n'en atteignirent pas 80 ; huit corps d'armée y furent employés.

On peut conclure que le blocus complet du nouveau Paris fortifié, pour être assuré dans des conditions analogues à celles de 1870, n'exigerait pas moins de dix-sept corps d'armée. Presque l'armée allemande active tout entière !

D'autre part, des gens de métier compétents, affirment que 200,000 hommes suffiraient largement à sa défense. Ces troupes ne seraient pas prélevées sur nos unités de combat actuelles, elles seraient fournies par les réserves de quatre à cinq régions les plus voisines de la capitale.

Il y aurait en plus la gendarmerie, la garde républicaine et quelques corps formés avec les ressources de la ville.

Ainsi, une place de guerre qui immobiliserait à elle seule dix-sept corps d'armée, doit être considérée comme un précieux appoint dans l'ensemble de nos moyens de défense.

Cependant, tel n'est pas l'avis de tout le monde. Des écrivains militaires, parmi lesquels on trouve des officiers supérieurs, ont demandé le démantèlement de Paris, la suppression de son camp retranché. Les arguments que donnent les détracteurs de cette formidable position stratégique, reposent sur des bases peu solides, et sont, certainement, plus spécieux que logiques.

Les uns prétendent que Paris fortifié, c'est désigner aux coups de l'ennemi le nœud fatal qu'il suffit de trancher pour en finir avec la France. D'autres, redoutant l'attraction qu'il produira sur nos armées battues, prédisent, voient même déjà une réédition du drame de Metz dans des proportions plus grandes.

Mais ces gens-là n'envisagent que les fautes de généraux incapables (nous ne sommes pas condamnés à en avoir toujours à la tête de nos soldats !). Ils oublient non seulement les leçons du passé, les enseignements de l'histoire d'hier, mais ils laissent encore de côté les immenses services que ce camp retranché, si souvent cité, pourra rendre à nos armées de l'Est et du Nord. Le danger qu'ils signalent est fort exagéré, sinon imaginaire ; on y parerait par une loi formelle qui interdirait à tout chef d'armée, sous peine de destitution, de se réfugier dans une place forte.

Est-ce qu'il est déjà venu dans l'esprit de quelqu'un de demander la suppression des chemins de fer, à cause des rencontres de trains et des déraillements qui se produisent quelquefois? Eh bien ! ce ne serait pas plus absurde.

Maintenant, passons aux leçons de l'histoire ; c'est de leur logique que doivent s'inspirer les vraies théories militaires.

En 1814, Napoléon n'eût pas été vaincu si Paris avait possédé simplement un mur d'enceinte. Après la bataille de la Rothière, perdue par nous, les alliés se crurent autorisés à se diviser (ils répétèrent cette manœuvre à deux reprises différentes dans le cours de la campagne). L'armée de Bohême, sous Schwarzemberg, resta sur la Seine en présence de Napoléon ; Blücher, commandant l'armée de Silésie, se dirigea sur Paris par la vallée de la Marne. Napoléon, sentant la capitale ouverte et comprenant que de la prise de celle-ci dépendait le sort de la campagne, dut, dans le but de couvrir Paris, se multiplier entre la Seine et la Marne pour faire face alternativement avec le gros de ses troupes à Schwarzemberg et à Blücher.

Mais malgré son puissant génie et les victoires de Champeaubert, Montmirail, Château-Thierry et de Vauchamps sur l'armée de Silésie ; de Mormant, Villeneuve et de Montereau sur l'armée de Bohême, il succomba à cette lutte par trop inégale.

Si Paris avait alors été fortifié, l'empereur, de ce fait, libre de tout souci à l'égard de la capitale, se serait d'abord occupé de

Schwarzemberg, qu'il eût certainement écrasé ; ensuite, il aurait eu la latitude de se porter en forces contre Blücher, au cas où ce dernier eût continué sa marche sur Paris. C'était la défaite totale des alliés ; c'était la patrie débarrassée de ses envahisseurs !

En 1870, si Paris n'avait pas été une place de guerre imposante, le traité de Francfort-sur-le-Mein n'aurait pas été signé le 17 mai 1871, mais dans les premiers jours d'octobre 1870.

En effet, après le désastre de Sedan, il n'y avait plus aucune troupe française pour tenir la campagne. Ce fut Paris qui, en immobilisant devant ses forts, pendant quatre mois et demi, les armées allemandes, donna le temps à la province de lever, d'équiper et d'armer des masses considérables. De la sorte, jusqu'à la fin de janvier 1871, nous avons eu des chances de chasser l'ennemi de notre territoire. L'inexorable fatalité qui nous poursuivait et les fautes répétées de nos chefs d'armées furent les seules causes de la catastrophe finale.

Le rôle du camp retranché dont nous nous occupons fut donc incontestablement de la plus haute importance pendant cette dernière et néfaste campagne. Il permit à la France de continuer la lutte et d'espérer la victoire, malgré la perte totale de ses deux armées à Metz et à Sedan (l'une bloquée, l'autre prisonnière de guerre).

Quant à l'avenir, admettons l'hypothèse, très vraisemblable, d'une nouvelle invasion allemande par nos frontières Est, Nord-Est et peut-être Nord. Paris, centre de toutes nos lignes de chemins de fer et à proximité des frontières qui viennent d'être nommées, serait comme une sorte d'inépuisable réservoir qui alimenterait, au fur et à mesure de leurs besoins, nos armées du Nord et de l'Est en munitions, en vivres et même en hommes.

A propos de cette dernière considération, le vaste camp retranché de Paris pourrait devenir, en effet, au début des hostilités, un point de concentration, en même temps qu'un camp d'instruction pour les réserves du Centre et de l'Ouest de la France.

Celles-ci iraient renforcer successivement, dès leur instruction refaite, nos armées de l'Est et du Nord. Des renforts constitués par ces réserves, demandés télégraphiquement, pourraient partir le soir de la capitale par chemins de fer et arriver le lendemain matin sur le théâtre des opérations (région de la Meuse ou du Nord).

Tel pourrait être le rôle considérable de Paris au début d'une guerre franco-allemande. Ensuite, si nos armées malheureuses étaient refoulées vers la capitale, elles déboîteraient à droite et à gauche de celle-ci. Puis, après avoir réuni toutes nos forces, tous nos moyens, c'est avec l'aide du formidable camp retranché, si souvent nommé, que partirait de la rive gauche de l'Yonne l'offensive victorieuse qui rejetterait l'ennemi au delà de nos frontières !

Enfin, indépendamment des avantages précités, si Paris n'était pas une place forte, il faudrait, sans retard, la créer de toutes pièces, car ce serait un crime de laisser à la merci de l'envahisseur une ville renfermant autant de richesses de toutes sortes. De plus, sa prise porterait le coup le plus funeste au moral de la nation.

Aussi, en entourant la capitale d'une cuirasse invulnérable, c'est l'organisme entier de la France que l'on a garanti.

Nous terminerons en disant que, presque toujours, la capitale d'un pays est à la guerre ce que le roi est au jeu d'échecs ; leur prise, c'est la partie gagnée.

Nice, 1897.

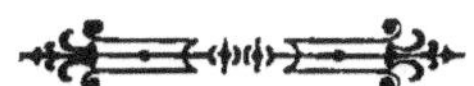

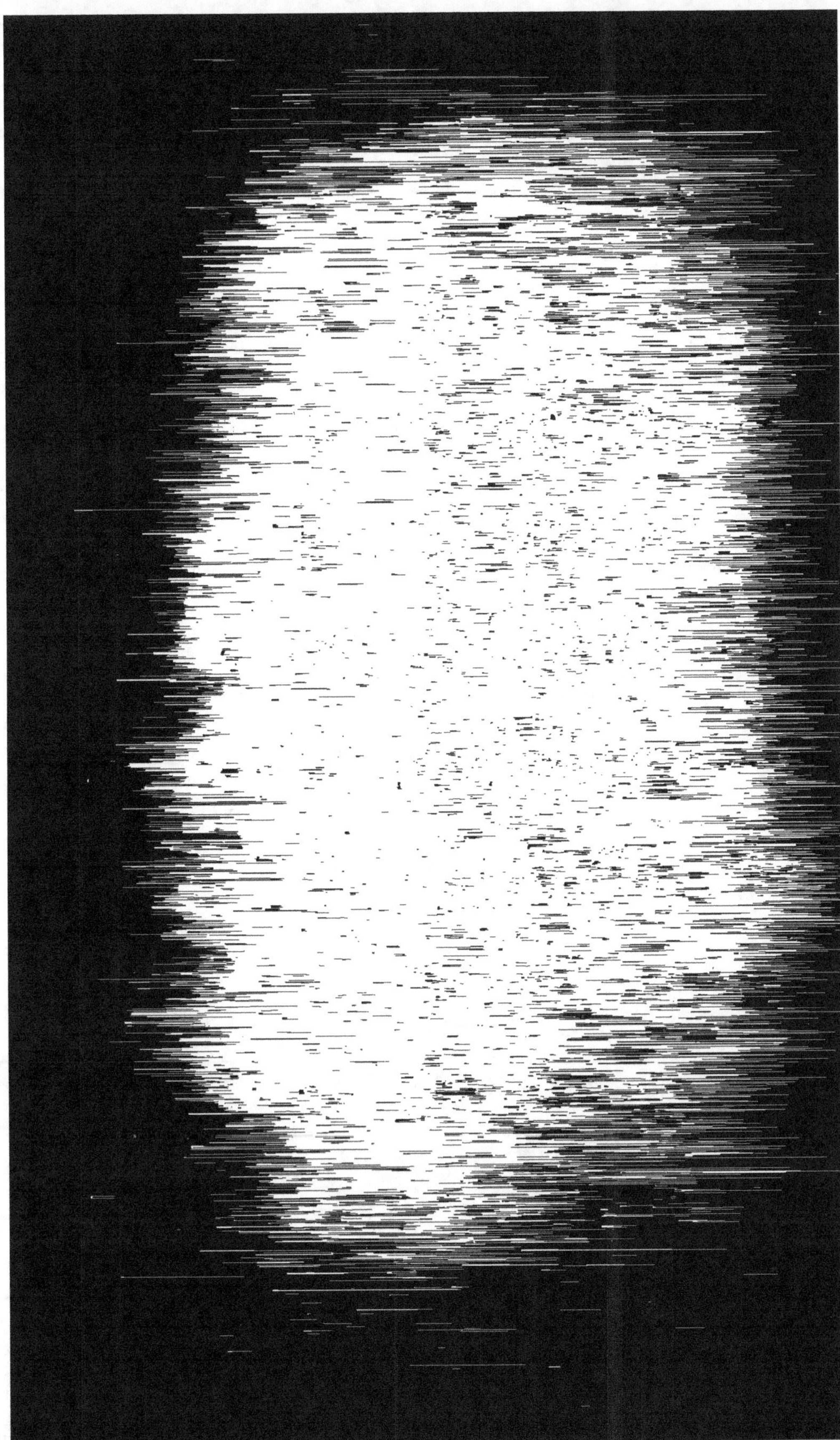

DU MÊME AUTEUR

BATAILLE DE SEDAN, étude de la bataille accompagnée de trois solutions tactiques

LA DÉFENSE DES ALPES

COMMENTAIRES SUR LA GUERRE GRÉCO-TURQUE

LE CHARGEMENT DU FANTASSIN EN CAMPAGNE

LE PASSAGE DES ALPES PAR ANNIBAL

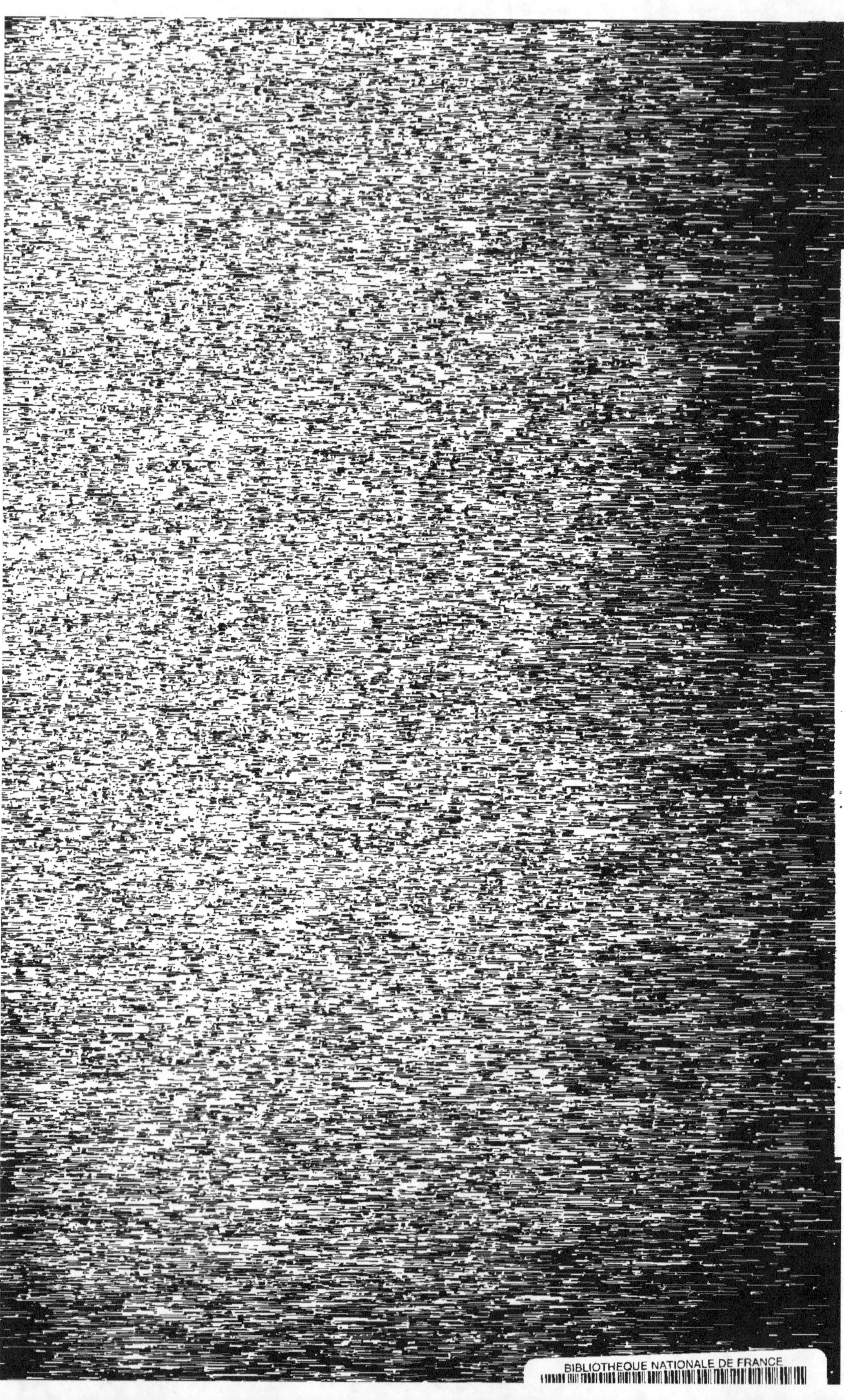

BIBLIOTHEQUE NATIONALE DE FRANCE

www.ingramcontent.com/pod-product-compliance
Lightning Source LLC
Chambersburg PA
CBHW071955150726
48196CB00067B/1222